Quart Verlag Luzern   Anthologie 22

phalt

phalt
22. Band der Reihe Anthologie

Herausgeber: Heinz Wirz, Luzern
Konzept: phalt, Zürich; Heinz Wirz
Fotos: Thomas Kubli, Watt S. 31; phalt S. 4, 34; Joël Tettamanti, Lausanne
S. 28 (unten); Julien Vonier, Zürich S. 35, 50; Dominique Marc Wehrli,
Regensdorf S. 7, 8, 11, 27, 28 oben, 45, 46
Grafische Umsetzung: Quart Verlag, Luzern
Lithos: Printeria, Luzern
Druck: Engelberger Druck AG, Stans

Quart Verlag GmbH
Denkmalstrasse 2, CH-6006 Luzern
www.quart.ch

Printed in Switzerland

Anthologie 22 – Notat
Heinz Wirz

Die Buchreihe «Anthologie» versammelt seit 2004 in loser Folge Werkberichte junger Schweizer Architekten. Der vorliegende Band ist gleichsam
der Prototyp eines Werkberichts. Er beschreibt neben drei realisierten
Bauten eine Arbeit in Entwicklung. Wir befinden uns mitten im Prozess,
im Werden eines Werkabschnitts.

Mit dem Auftrag für die Metallwerkstatt des Jugendhauses Dynamo in
Zürich gründeten die drei gebürtigen Solothurner Frank Schneider,
Cornelia Mattiello-Schwaller und Mike Mattiello 2006 in Zürich ihr eigenes
Büro und zeichnen seither verantwortlich für etliche Wettbewerbserfolge.
Die kleine Metallwerkstatt erscheint im Umfeld des heterogenen urbanen
Amalgams wie eine unbedeutende Episode. Mittels Qualitäten wie der
konzentrischen Figur, der bestechenden Einheitlichkeit des verwendeten
Materials Metall und der starken Metapher dieses Werkstoffs, die das Gebäude mit seinem Programm eng verbindet, behauptet sich das Kleinod
jedoch im Wirrwarr des Grossstadtwinkels. Eine Art Fingerübung lieferte
das Team im Rahmen des Eidgenössischen Kunstpreises ab. In drei Kuben
sind kleinmassstäbliche architektonische Volumen und Figuren so kom-
biniert, dass der Betrachter durch Guckkastenöffnungen eine wundersame
Welt an Räumen erleben und ein vexierbildartiges Spiel mit der Massstäblichkeit und der Raumwahrnehmung verfolgen kann. Beide ange-
sprochenen Themen – Einheitlichkeit im Material und Raumempfindung –
manifestieren sich auch im 2011 fertiggestellten Gemeindehaus Regensdorf.
Die gestanzt wirkende homogene Betonoberfläche überzieht den Baukörper wie ein schwerer Mantel. Die Fenstergläser sind von dieser Schicht
abgelöst und verschmelzen mit ihren dunkel eloxierten Rahmen jeweils
zu einer Einheit. Im Inneren finden sich diese horizontal wie vertikal aus-
greifenden Raumkompartimente schliesslich wieder. Ausdruck und Raum-
erlebnis – diese zwei traditionellen Elemente der Architektur, sind hier
wirkungsvoll und mit Raffinement eingesetzt. Das Ergebnis lässt erahnen,
was diese Sehnsuchtsorte der Architektur bedeuten können.

Luzern, im Mai 2012

Gemeindehaus, Regensdorf
Projektwettbewerb 2007, 1. Preis; Ausführung 2009–2011

Das neue Gemeindehaus liegt im Zentrum von Regensdorf und reiht sich als markanter Einzelkörper in die volumetrische Abfolge der Bauten zwischen dem alten Dorfkern und dem Bahnhof ein. Zusammen mit dem Bestand bildet der Neubau ein städtebauliches Ensemble, in dessen Mitte sich ein neuer Gemeindehausplatz aufspannt und das die Funktion einer Visitenkarte im gesamten Stadtbild übernimmt. Die kubische Gebäudeform des Neubaus reagiert auf die Umgebung und betriebliche Gegebenheiten: Mittels Subtraktion raumgrosser Elemente aus dem Körpervolumen werden Höhen- und Sichtbezüge zum Ort aufgenommen und räumliche Qualitäten mit unterschiedlichen Funktionen erzeugt. Ein Skelett aus lasiertem Ortbeton gliedert die Fassade, die zusammen mit den tragenden Kernen die Gebäudestatik gewährleistet und eine maximal offene und flexible Innenraumgestaltung ermöglicht. Einzig die skulpturale Wendeltreppe bricht als Verbindungselement der einzelnen öffentlichen Zonen bewusst aus dem flexiblen System aus und erzeugt eine repräsentative Raumsituation. Die allseitig geschosshohe Verglasung innerhalb des Betongitters der Fassade prägt das äussere Erscheinungsbild des Gebäudes und versinnbildlicht eine moderne und transparente Verwaltung.

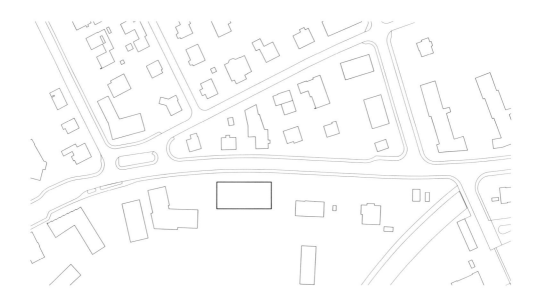

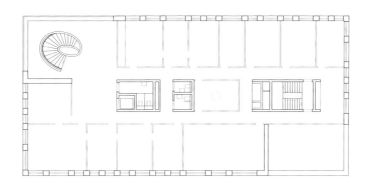

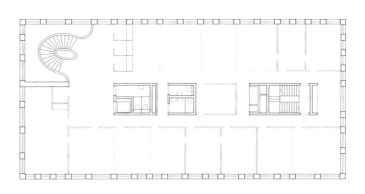

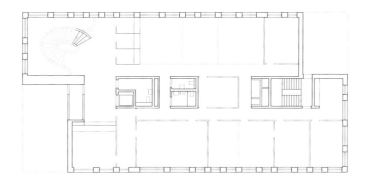

10 m

9

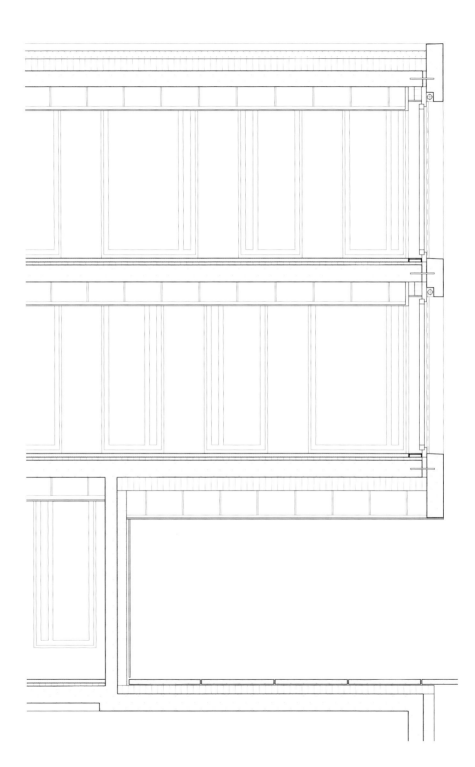

Umbau Stadttheater, Solothurn
Projektwettbewerb 2009; 1. Preis, Ausführung 2013–2014

Das Stadttheater Solothurn ist aus einem Häuserkomplex des frühen 17. Jahrhunderts gewachsen, inmitten der denkmalgeschützten Altstadt. Baulich lange vernachlässigt, soll nun wieder ein zeitgemässer Theaterbetrieb ermöglicht und ein Mehrwert für das Stadt- und Kulturleben generiert werden. Das äussere Erscheinungsbild bleibt insgesamt erhalten. Hauptmerkmal der Umgestaltung ist die Öffnung des Sockelgeschosses zu den beiden flankierenden Gassen hin. Unter Einbezug des umliegenden Strassenraumes entsteht ein Wechselspiel zwischen innen und aussen, eine Aufwertung der Umgebung und eine spürbare Verankerung im Stadtgefüge und Stadtleben. Das Foyer wird als Teil des Strassenraumes inszeniert. Eine Raumskulptur, die Wandelhalle und Begegnungszone aufnimmt, empfängt und leitet das Publikum durch die Ebenen – und wird selbst zur Bühne. Der Theatersaal wird in Anlehnung an die ursprüngliche Form neu interpretiert und wiederaufgebaut. Der Zuschauerraum erhält eine neue Formensprache und Materialisierung, während durch den Erhalt des Bühnenportals der Charme der Guckkastenbühne bewahrt wird. Neben der Erneuerung und Anpassung der Bühnen- und Gebäudetechnik an die heutigen technischen Anforderungen, liegt das Augenmerk insbesondere auf der Neuorganisation und Optimierung der theaterinternen Räume und funktionalen Abläufe.

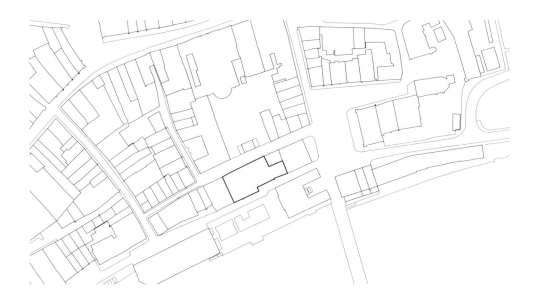

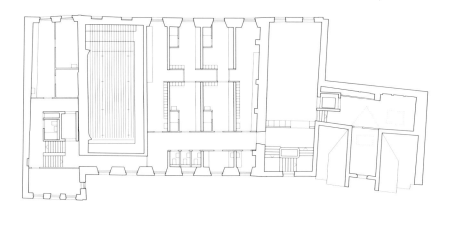

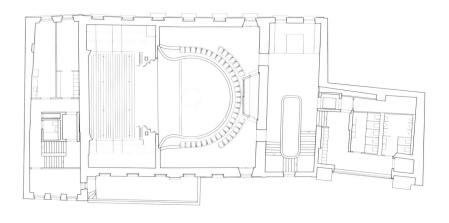

14

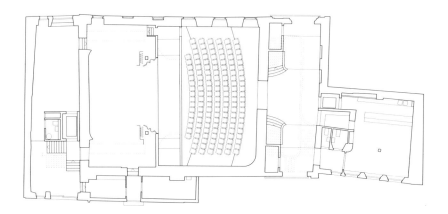

10 m

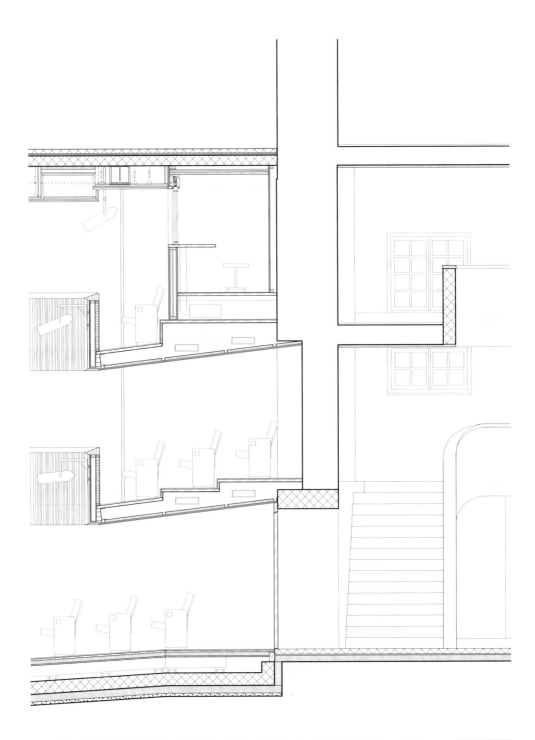

Wohnüberbauung Sandfelsen, Erlenbach
Projektwettbewerb 2010, 1. Preis; Ausführung 2012–2014

Die Seegemeinde Erlenbach realisiert preisgünstigen Wohnraum auf einer gemeindeeigenen Parzelle. Das Areal Sandfelsen befindet sich am Übergang von der Wohn- zur Landwirtschaftszone am Rande des Siedlungsgürtels. Die geplante Überbauung aus fünf trapezförmigen Baukörpern vermittelt mit ihrer Grösse zwischen den verschiedenen Massstäben der umliegenden dispersen Bebauung. Die Posititionierung der Gebäude inmitten einer parkartigen Grünanlage verwebt die Siedlung mit dem angrenzenden Landschaftsraum. Durch die prägnante Gebäudeform und die gezielte Setzung der Baukörper wird ein dynamischer Siedlungsraum mit fliessenden Aussenräumen und eigener Identität geschaffen. Die Häuser verfügen über einen einladenden Eingangsbereich, der zu den optimal ausgerichteten Wohnungen führt. Diese bieten durch ihre dreiseitige Orientierung und geschickte Disposition vielfältige Raumerlebnisse: Grosszügige Raumfluchten mit Aussichten wechseln sich mit introvertierten Individualzonen ab. Die geschossweise alternierend versetzten Aussenräume wirken raumerweiternd und sind als Weiterführung der Fensterbrüstungen skulptural in die Fassade eingebunden. Deren Typologie basiert auf einer Lochfassade, die sich fliessend Richtung Süden öffnet und dabei ein charakteristisches murales Raumgitter erzeugt.

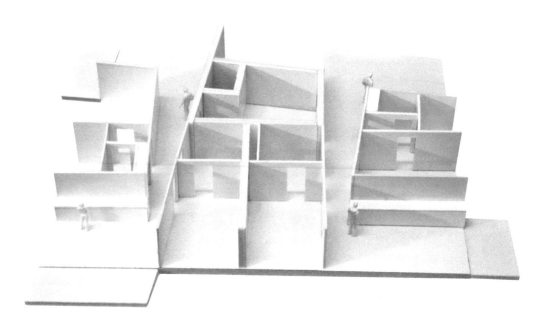

10 m

21

Umbau Primarschule, Vitznau
Projektwettbewerb 2008, 1. Preis; Ausführung 2012–2013

Das Schulhaus in der Dorfmitte der Seegemeinde Vitznau am Vierwald-
stättersee wird von mehreren Institutionen genutzt. Das architektonisch
erhaltenswerte Gebäude aus dem Jahr 1967 muss neuen Anforderungen
und den heutigen technischen Standards angepasst werden. Das Umbau-
konzept trägt dem Charakter und der optischen Wirkung des Betonbaus
Rechnung. Mittels Rückbau werden bestehende Qualitäten hervorgehoben
und sämtliche Eingriffe sind von der ursprünglichen Entwurfsidee abgelei-
tet. Der vorgelagerte Platz dient gleichermassen dem Schul- wie dem Dorf-
leben. Ziel ist es, das Zusammenspiel von Gebäude und Aussenraum zu
stärken, den Anforderungen der verschiedenen Nutzer gerecht zu werden
und den Freiraum als Dorfmittelpunkt hervorzuheben. Im Inneren findet
eine Neuorganisation statt: Kindergarten, Primarschule, Feuerwehr, Ver-
eine und Öffentlichkeit werden räumlich entflochten und die jeweiligen
Einheiten innerhalb des Gebäudes betrieblich sinnvoll angeordnet. Neues
verbindendes Element wird die Erschliessung sein, die als eigenständige
Raumskulptur ausgebildet wird. Dieser Eingriff dient der Klärung der bislang
unbefriedigenden Eingangs- und Zugangssituation – der Vorplatz geht nun
ebenerdig ins Gebäudeinnere über. Durch die Verwendung anderer Ma-
terialien und Oberflächen setzt sich die zusammenhängende Raumfolge
vom Bestand ab und signalisiert eine neue Bearbeitungsstufe.

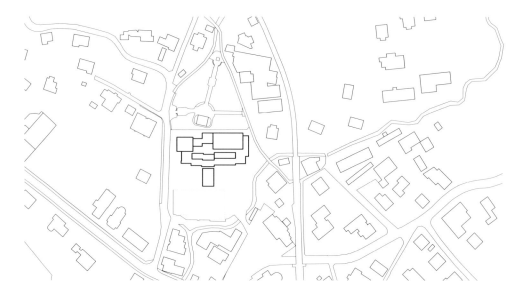

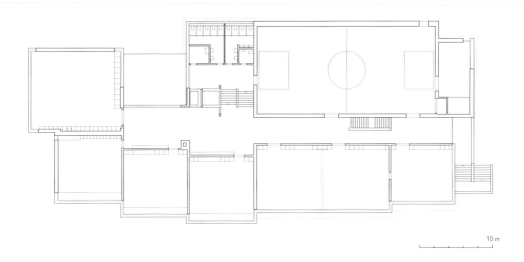

10 m

Mehrfamilienhaus, Lohn-Ammannsegg
Direktauftrag 2010, Ausführung 2010–2011

In der ländlichen Gemeinde Lohn-Ammannsegg fügt sich ein Mehrfamilien-
haus mit sechs Wohneinheiten und einem separaten Büro in eine heterogene Bebauungsstruktur. Die Positionierung und Ausformulierung des
Neubaus ergibt sich aus den maximal möglichen Distanzen zur umliegenden Bebauung und der optimalen Ausrichtung innerhalb der Wohnzone
in leichter Hang- und attraktiver Aussichtslage. Der kubische Baukörper
besteht aus zwei zueinander versetzten Gebäudeteilen mit der Erschliessung
als gemeinsamer Schnittmenge. Die Versetzung sowie geschosshohe Vor-
und Rücksprünge der einzelnen Ebenen brechen das Volumen auf. Da-
durch gewinnt der Baukörper trotz hoher Ausnutzung eine der Umgebung
angemessene Massstäblichkeit und differenzierte Erscheinung. Die allseitige
Modellierung der Aussenform, unterstützt durch die dezente Farbgestal-
tung der Fassade, generiert eine eigene Identität des Baukörpers vor Ort –
und individuelle Wohneinheiten mit Panoramasicht für die Bewohner. Im
Aussenbereich wurde die Idee der Differenzierung abermals aufgegriffen
und eine Komposition verschiedener Aufenthaltsqualitäten geschaffen.

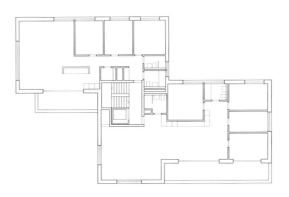

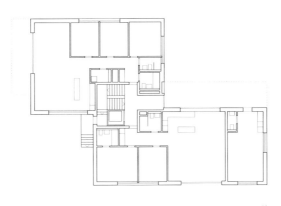

10 m

Raum für Schule und Öffentlichkeit, Büren an der Aare
Projektwettbewerb 2009, 1. Preis, Baueingabe 2010/2011

Die Gemeinde Büren an der Aare beabsichtigt, ein öffentliches Zentrum zu realisieren, das Raum für schulische, kulturelle und repräsentative Anlässe bietet. Auf einem parkähnlichen Schulgelände, in attraktiver Uferlage und nahe der historischen Altstadt, soll ein prägnanter Neubau mit hoher Nutzungsflexibilität und grosser Ausstrahlungskraft auf die Öffentlichkeit entstehen. Das Projekt schlägt einen kompakten Solitär in prominenter Lage vor, der sich in angemessener Distanz zum Bestand in das heterogene Umfeld einfügt. Während die fünfeckige Umrissform seine Eigenständigkeit unterstreicht, lehnt sich die innere Organisation an die topografischen Gegebenheiten an. Die Höhendifferenz zwischen der Ebene der Schule und der angrenzenden Aare wird innenräumlich inszeniert. Ein Splitlevel vermittelt zwischen den beiden Niveaus, die sinnbildlich für die beiden Nutzer stehen: die Schule und die Öffentlichkeit. Eine attraktive Wegeführung innerhalb des Raumkontinuums nimmt beide Bewegungsrichtungen auf. Präzise gesetzte Öffnungen stellen den Bezug zur Umgebung her und unverkennbare Ausblicke auf Aare und Jura prägen insbesondere die Stimmung im Saal. Aussen unterstreicht die in Bezug auf Form und Material einheitliche Behandlung von Dach und Fassade die Körperhaftigkeit des Pavillons im Park.

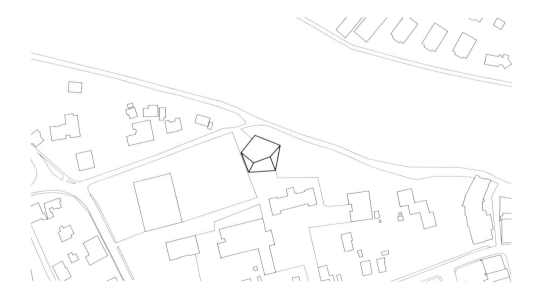

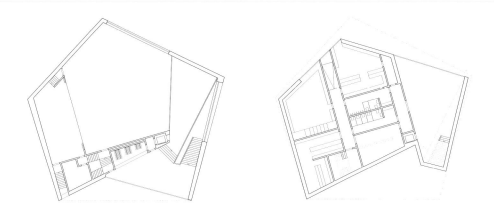

10 m

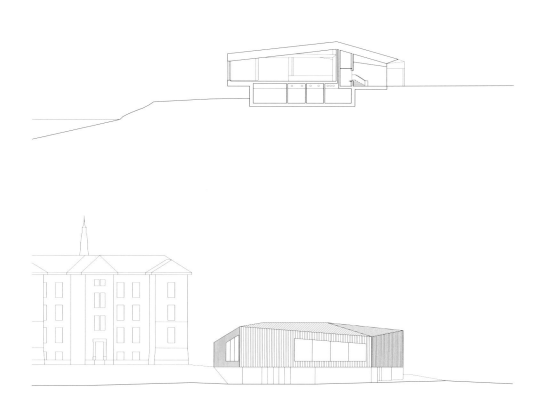

Eidgenössischer Kunstpreis
2009; Gewinner Kategorie Architektur

Hattest du schon mal einen Traum, Neo, der dir vollkommen real erschien?
Was wäre, wenn du aus diesem Traum nicht mehr aufwachst? Woher würdest
du wissen, was Traum ist und was Realität? Aus Matrix, 1999

RÄUME DENKEN. Drei Sperrholzkisten von identischem Zuschnitt werden
orthogonal zueinander im Raum platziert – und zwar eine mit der Breit-,
eine mit der Längs- und eine mit der Stirnseite zu den jeweils anderen
orientiert. Jeder Quader besitzt an einer anderen Seitenposition eine Öffnung, die Einblicke in sein Innenleben ermöglicht. Darin findet sich jeweils
eine deckungsgleiche, aus Leichtstoffplatten geformte Raumskulptur. Diese
Modellfiguren in unterschiedlichem Massstab werden mittels zweier Licht-
quellen inszeniert: Über Lichteinfall und Massstabssprünge – die potenzielle
Erweiterung in die Tiefe – wird subtil mit der Raumwahrnehmung des Be-
trachters gespielt.

Naturmuseum, St. Gallen
Projektwettbewerb 2009, 4. Preis

Nahe dem botanischen Garten und in unmittelbarer Nachbarschaft zur Kirche St. Maria, dem denkmalgeschützten Wahrzeichen des Quartiers Neudorf, lobte die Stiftung St. Galler Museen einen Wettbewerb zum Neubau eines Naturmuseums aus. Mit einem Solitär als Gegenpol zur Kirche reagiert der Entwurf auf die städtebauliche Relevanz im gegebenen Kontext. Das fünfeckige Volumen entwickelt sich aus der Parzellengeometrie heraus und reagiert mittels Einschnitten und Öffnungen auf die umliegende Bebauung. Die flächendeckende Perforation der Fassade artikuliert die skulpturale Erscheinung des Neubaus. Zwischen den dominierenden Volumen des Naturmuseums und der Kirche spannt sich ein Aussenraum auf, der in seiner Gestaltung und Belegung beide Einrichtungen mit der Umgebung verbindet. Drei ineinanderfliessende Themengärten prägen den Aussenraum und bringen unterschiedliche Raumqualitäten hervor. Ein netzartiges Wegesystem erstreckt sich über die verschiedenen Aussenräume und verbindet das Museum mit der Kirche und dem botanischen Garten. Das Flanieren durch unterschiedliche Erlebniswelten wird im Inneren des Gebäudes weitergeführt. Die Besucherführung folgt der Typologie der «Promenade d'Architecture». Entlang einer der Fassade folgenden, nach oben strebenden Reihe von Raumsequenzen wird das Publikum durch das Museum geführt.

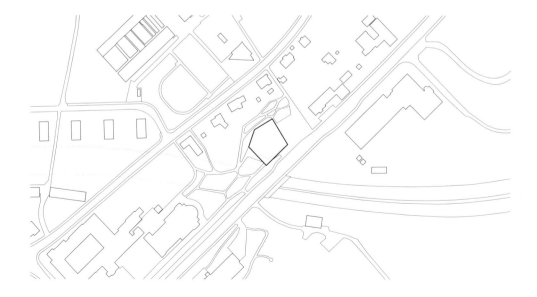

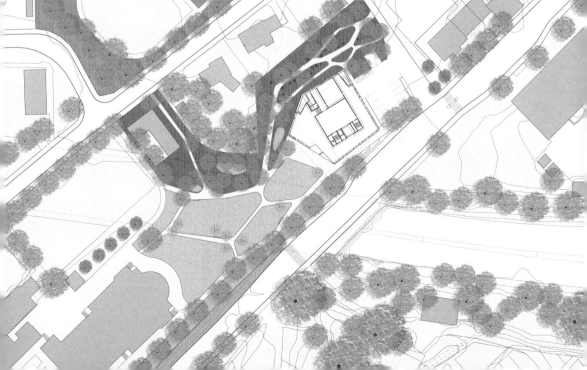

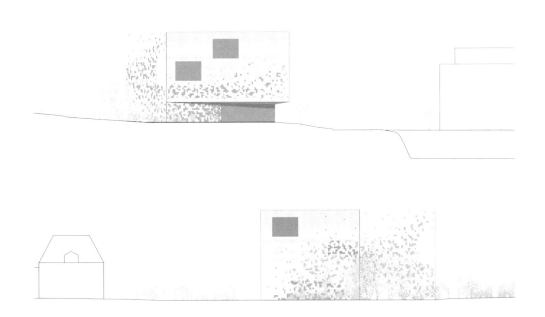

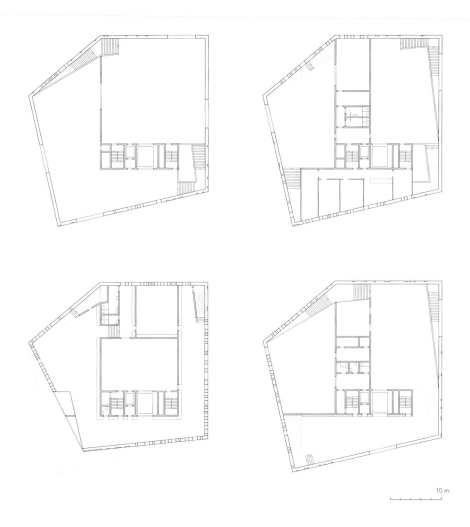

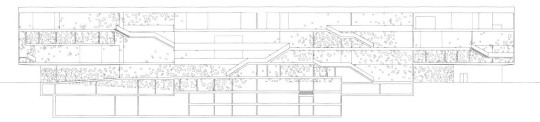

10 m

Wohnüberbauung Hofstatt, Zuchwil
Projektwettbewerb 2010, 1. Preis; Ausführung 2012–2013

Auf einer Obstwiese inmitten einer heterogenen Siedlungsstruktur im Zentrum der Gemeinde Zuchwil soll neuer Wohnraum entstehen. Um die Qualität dieser Grünzone weiterhin spürbar zu machen, wird das Raumprogramm auf drei Gebäude verteilt, die sich an der vorherrschenden Körnung der umliegenden Bebauung orientieren und als markantes Ensemble das Ortszentrum ergänzen. Durch die Positionierung und die gewählte Gebäudeform der Baukörper bleibt der Obstwiesencharakter erhalten und zu einer parkähnlichen Umgebung mit fliessenden Aussenräumen und spannenden Sichtbezügen weiterentwickelt. Ein zusammenhängendes Wegenetz, begleitet von verschiedenen Pflanzenthemen, zieht sich spielerisch durch die Überbauung. Die prominente Lage impliziert einen hohen architektonischen Anspruch an die Bebauung. Diesem Aspekt wird durch eine sorgfältige und innovative Gestaltung der Fassade Rechnung getragen. Umlaufende Fassadenbänder, reliefartig und aus verschieden breiten Schichten zusammengesetzt, gliedern das Gebäudevolumen in der Horizontalen. Raumhohe Verglasungen und grosszügige Loggien wechseln sich mit geschlossenen Elementen ab. Die Wohnungen werden schichtweise vom kompakten Kern zur Fassade hin organisiert. Die Nassräume gruppieren sich um den innen liegenden Erschliessungskern, während der Wohn- und Essbereich – einer Klammer gleich – die zur Fassade orientierten Zimmer umspielt.

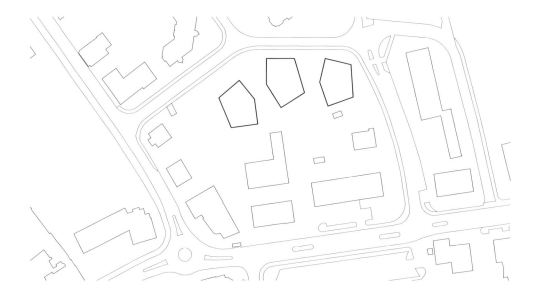

10 m

Metallwerkstatt Dynamo, Zürich
Direktauftrag 2006, Ausführung 2007–2008

Am nördlichen Ufer der Limmat erforderten umfangreiche Tiefbauarbeiten einen Ersatzneubau für die offene Metallwerkstatt des Jugendkulturhauses Dynamo. Dies eröffnete die Chance zur Neugestaltung des mit improvisierten Bauten besetzten Platzes. Als Reaktion auf viele einschränkende Rahmenbedingungen wird die überbaute Fläche auf ein Minimum reduziert und mit einem umlaufenden, weit auskragenden Dach ein grosser und geschützter Arbeits- und Aktionsbereich geschaffen. Den beiden denkmalgeschützten Gebäuden des Jugendkulturhauses vorgelagert, behauptet sich der pilzförmige Pavillon als eigenständiges Objekt und tritt an der Limmatpromenade selbstbewusst in Erscheinung. Konstruktion und Materialisierung des Gebäudes greifen den Werkstoff Metall und dessen Verarbeitung thematisch auf: Ein feuerverzinkter Stahlprofilrost überzieht die Skelettstruktur an Fassade, Dachuntersicht und Dachrand. Die robuste Aussenhaut gleicht einem Schutzpanzer und verleiht der Konstruktion Homogenität und Körperhaftigkeit. Die Befestigung der Aussenhaut basiert auf dem Punktraster der Profilrostmatten und folgt, ebenso wie die Applikation der Beschriftung, der Logik des Materials. Struktur und Lochung erzeugen je nach Blickwinkel und Lichteinfall Transparenz oder Geschlossenheit. Damit unterstreichen sie die Wandelbarkeit des Gebäudes, das bei offenen Toren zum lebendigen Mittelpunkt des Ortes wird – weit über den Dachrand hinaus.

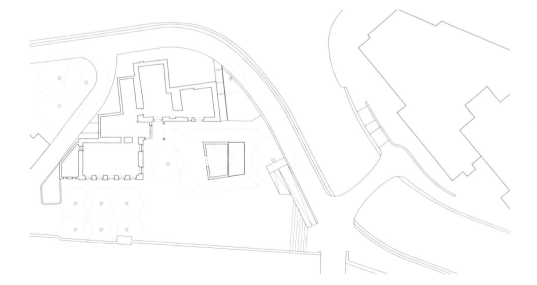

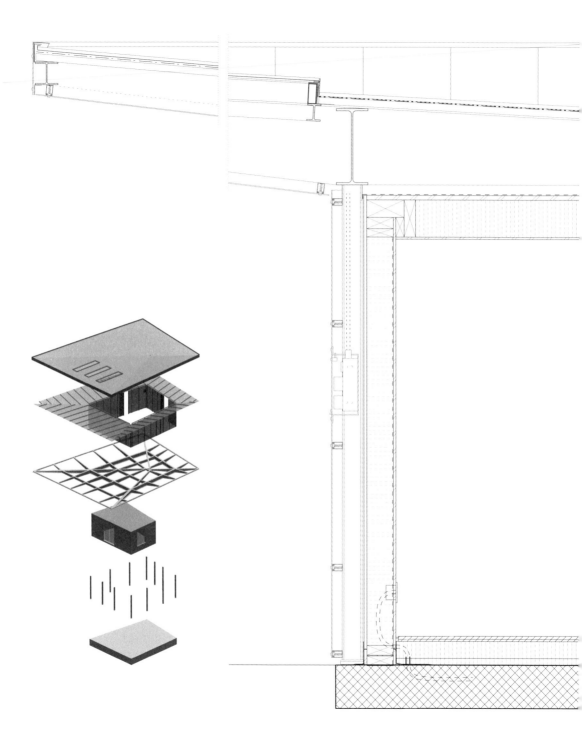

Frank Schneider

1976	geboren in Solothurn
1996–2003	Architekturstudium und Diplom EPF Lausanne
1998	Austauschjahr Université de Montréal/Canada
1999	Mitarbeit bei Gigon Guyer Architekten, Zürich
2000–2002	Mitarbeit bei Herzog de Meuron, Basel
2003–2006	Mitarbeit bei EM2N Architekten, Zürich
2006–	Partner bei phalt

Cornelia Mattiello-Schwaller

1975	geboren in Solothurn
1992	Austauschjahr in Australien
1995–2002	Architekturstudium und Diplom EPF Lausanne
1998	Mitarbeit bei Sergison Bates Architects, London
2002–2006	Mitarbeit bei EM2N Architekten, Zürich
2005–2006	Assistentin EPF Lausanne Gastprofessur EM2N Architekten, Zürich
2006–	Partner bei phalt

Mike Mattiello

1971	geboren in Solothurn
1987–1991	Hochbauzeichnerlehre
1993–1996	Architekturstudium und Diplom FH Burgdorf
1996–1997	Assistent FH Burgdorf
1997	Mitarbeit bei Steinmann+Schmid, Basel
1999–2000	Mitarbeit bei Stücheli Architekten, Zürich
2000–2003	Mitarbeit bei Interbrand Zintzmeyer Lux, Zürich
2004–2006	Mitarbeit bei W3Architekten, Zürich
2006–	Partner bei phalt

MitarbeiterInnen (2006–2012)	Matthias Bucher, Susanne Büchi, Janine Erzinger, Denise Fenger, Matthias Fiedler, Samantha Fischer, Susanne Frank, Matthias Heberle, Cornelia Kaderli, Maarten Kempenaar, Matthias Knuser, Patrik Marti, Claudia Meier, Claudia Nitsche, Radolsava Palukova, Annette Reichlin, Martin Rohland, Karin Rothenhöfer, Maximilian Schmidt, Yves Seiler, Guido Setzepfand, Anne-Sophie Weisshuhn, Lauréline Zeender

www.phalt.ch

Werkverzeichnis (Auswahl Bauten, Projekte und Wettbewerbe)

2006	Wettbewerb Sportstätten Grüntal, Wittenbach; 3. Preis
	Studienauftrag Wohnüberbauung Sonnenhalde, Zürich
	Metallwerkstatt Dynamo, Zürich
2007	Wettbewerb Kantonsschule, Uster; 4. Preis
	Studienauftrag Strandbad Tiefenbrunnen, Zürich
	Studienauftrag Umnutzung KVA Areal Warmbächliweg, Bern
	Wettbewerb Gemeindehaus, Regensdorf; 1. Preis
2008	Wettbewerb Wohnüberbauung Linth-Escher, Oerlikon; 3. Preis
	Restaurant Chuchi am Wasser, Zürich
	Wettbewerb Wohnüberbauung Zentrum, Feldbrunnen; 2. Preis
	Wettbewerb Primarschule, Vitznau; 1. Preis
2009	Eidgenössischer Kunstpreis, Gewinner Kategorie Architektur
	Studienauftrag Areal Mülenen Nord, Richterswil; 1. Preis
	Wettbewerb Stadttheater, Solothurn; 1. Preis
	Wettbewerb Naturmuseum, St. Gallen; 4. Preis
	Wettbewerb Raum für Schule und Öffentlichkeit, Büren an der Aare; 1. Preis
2010	Restaurant Bar g27, Zürich
	Wettbewerb Pfingstweidpark, Zürich; 6. Preis
	Mehrfamilienhaus, Lohn-Ammannsegg
	Wettbewerb Wohnüberbauung Sandfelsen, Erlenbach; 1. Preis
	Studienauftrag Kapelle, Samstagern
	Studienauftrag Wohnüberbauung Ettenfeld, Zürich; 1. Preis
	Wettbewerb Wohnüberbauung Hofstatt, Zuchwil; 1. Preis
2011	Einfamilienhaus, Lohn-Ammannsegg
	Wettbewerb Sportanlage Lienisberg, Walchwil
2012	Wettbewerb Unser neues Schulhaus, Allschwil; 6. Preis

Laufende Projekte

Wohnüberbauung Sandfelsen, Erlenbach (Projektwettbewerb 2010; 1. Preis)
Wohnüberbauung Hofstatt, Zuchwil (Projektwettbewerb 2010; 1. Preis)
Stadttheater, Solothurn (Projektwettbewerb 2010; 1. Preis)
Wohnüberbauung Ettenfeld, Zürich (Projektwettbewerb 2010; 1. Preis)
Primarschule, Vitznau (Projektwettbewerb 2010; 1. Preis)
Einfamilienhaus, Lohn-Ammannsegg

	Auszeichnungen
2009	*Prix Acier.* Schweizer Stahlbaupreis (für Metallwerkstatt Dynamo)
	Swiss Art Awards. Eidgenössischer Kunstpreis; Art Basel
	Bauweltpreis. Messe München International (für Metallwerkstatt Dynamo)

	Bibliografie (Auswahl)
2009	Offene Metallwerkstatt Jugendkulturhaus Dynamo, Zürich. In: Archithese Nr. 1, Zürich. S. 80–81
	Was mit wenigen Quadratmetern auskommt. In: Bauwelt Nr. 1–2, Berlin. S. 24–27
	Alternate Structure: Open Metalgarage Youthculturebuilding Dynamo, Zurich (Metallwerkstatt Dynamo). In: World Architecture Nr. 2, Peking. S. 102, 104
	Stahlpilz. In: Steeldoc Nr. 2, Zürich. Stahlbau Zentrum Schweiz (Hrsg.). S. 24–27
	Erneuerung Stadttheater Solothurn. In: Hochparterre. Wettbewerbe Nr. 5, Zürich. S. 28–31
	Peaux Skins /Atelier de Metal (Metallwerkstatt Dynamo). In: AMC Le Moniteur Architecture Nr. 5, Paris. S. 118–123
	Metal Workshop Dynamo. In: a+u , Nr. 6, Tokyo. S. 64–69, 125
	Offene Metallwerkstatt. In: Faltblatt AHB Stadt Zürich Nr. 7, Zürich
	04 China-Mais. In: Hochparterre Nr. 8, Zürich. S. 9
	Phalt (Swiss Art Awards 2009). In: Kunst-Bulletin Nr. 11/12, Zürich. S. 126–129. Bundesamt für Kultur (Hrsg.)
2010	Pavillon in Zürich (Metallwerkstatt Dynamo). In: Detail-Mikroarchitektur, München. S. 90–93
	Raum für Schule und Öffentlichkeit, Büren an der Aare/Naturmuseum St. Gallen. In: Hochparterre.Wettbewerbe Nr. 1, Zürich. S. 31–33, 88–89
	Raumtraum. In: Hochparterre, Nr. 1/2, Zürich. S. 60–61
	Raum für Schule und Öffentlichkeit. In: tec 21, Nr. 8/10, Zürich. S. 6
	Naturerlebnis in der Peripherie (Naturmuseum St. Gallen). In: Werk, Bauen+Wohnen Nr. 4/10, Zürich. S. 44–47
	Immer im Team. In: Umbauen + Renovieren Nr. 5/6, Zürich. S. 20–21
	Offene Metallwerkstatt Jugendkulturhaus Dynamo Zürich. In: AS Schweizer Architektur Nr. 6, Pully. S. 21–24
	Pavillon in Zürich (Metallwerkstatt Dynamo). In: Detail, Nr. 6, München. S. 580–583
2011	Metal Workshop Dynamo. In: a+u ,1, Tokyo. S. 206–209, 219
	Quartierpark Pfingstweid. In: Hochparterre.Wettbewerbe Nr. 2, Zürich. S. 72–73
	Jugendkultur-Pavillon, Zürich. In: Architektur+Technik Nr. 9, Schlieren. S. 92
	Verzinkter Dynamo. In: Baumetall Nr. 7, Stuttgart. S. 16–19
	Erweiterung Gemeindehaus Regensdorf. In: Hochparterre Nr. 12, Zürich. S. 37–38
2012	Fixpunkt (Gemeindehaus Regensdorf. In: Werk, Bauen+Wohnen Nr. 1/2 Zürich. S. 50–51

Finanzielle und ideelle Unterstützung

Ein besonderer Dank gilt den Institutionen und Sponsorfirmen, deren finanzielle Unterstützungen wesentlich zum Entstehen dieser Publikation beitragen. Ihr kulturelles Engagement ermöglicht ein fruchtbares Zusammenwirken von Baukultur, öffentlicher Hand, privater Förderung und Bauwirtschaft.

STADT**SOLOTHURN**   ERNST GÖHNER STIFTUNG

Jaeger Baumanagement AG,
Zürich – Baden

Anderegg Partner AG,
Bellach – Zürich

Bakus Bauphysik & Akustik
GmbH, Zürich

Ingenieure – Planer – Berater
Bern – Zürich – Luzern

Andelfingen

b+p baurealisation ag,
Zürich

Ingenieurbüro Enerconom AG,
Solothurn

Glas Trösch AG, Bützberg

HEFTI. HESS. MARTIGNONI.
Solothurn AG
Elektro Engineering

Mollet Energie AG
Huggenberger Elektroplan
GmbH, Solothurn

Walter Salm, Meier &
Partner AG, Zürich

Sterki Bau AG, Solothurn

Schnetzer Puskas
Ingenieure AG, Zürich

Storama AG, Burgistein

SZENO Engineering, Stans

Eduard Truninger AG,
Zürich

WAM Planer und
Ingenieure AG, Bern

Zumtobel Licht AG, Zürich

Quart Verlag Luzern

Anthologie – Werkberichte junger Architekten

Quart Verlag GmbH, Heinz Wirz CH-6006 Luzern
E-Mail books@quart.ch, www.quart.ch